Kersche

Pärsching

Quetsche

Lewwerknopp
(ab zwää: Lewwerknepp)

Saumaage

Woi-
kraud

Appl -
grutze

Gutsel

Riwwelkuche

Gellerieb (ab zwää:
Gelleriewe)

Zwiwwl

Käschde

unischder

Zum Spaß. Die Palz.
© 2023 AGIRO Verlag / www.agiro.de

Ines & Steffen Boiselle

P(f)älzer Kochbuch

Platz doo! Jetzt kumme die Pälzerinne!

ZONG

Heee

AGIRO

Steffen Boiselle & Clemens Ellert
Sauterstr. 36, 67433 Neustadt a. d. Weinstr.
Fon: 06321 489343, Fax: 06321 489345
Mail: info@agiro.de

4. Auflage
© 2023 AGIRO Verlag / Ines Boiselle / Steffen Boiselle
Satz & Layout: Jennifer Ehrismann / Ines Boiselle
Umschlag: Steffen Boiselle / Clemens Ellert
Printed in EU
ISBN 978-3-946587-05-7

Weitere Informationen unter:
facebook.com/agiroverlag
www.agiro.de

Inhalt

*Die Rezepte sind – mit Ausnahme der Süßspeisen – jeweils für **4 Personen***

Bettsäächer-Salat

300 g Löwenzahn
(junge, zarte Blätter)
1 Zwiebel
1 Knoblauchzehe
Petersilie
Schnittlauch
1–2 EL Weinessig
Meersalz
schwarzer Pfeffer
1 TL Honig
3–4 EL Olivenöl
100 g Speckwürfel
oder Champignons

Löwenzahn putzen, gründlich waschen und gut abtropfen lassen. Zwiebel und Knoblauch fein schneiden, Petersilie und Schnittlauch hacken.

Essig mit etwas Salz, Pfeffer aus der Mühle, Honig und Olivenöl verrühren. Zwiebel, Knoblauch und die Kräuter hinzufügen. Alles gut durchmischen und unter den Salat heben.

Mit knusprig gebratenen Speckwürfeln (oder in Scheiben geschnittenen und in einer Pfanne ohne Fett angebratenen Champignons) bestreuen und servieren.

Bettsäächer …

… (auf Hochdeutsch „Bettpisser") heißt der Löwenzahn in der Pfalz aufgrund seiner harntreibenden Wirkung.

Reddisch-Salat

1 Rettich (ca. 800 g)
Meersalz
150 g saure Sahne
schwarzer Pfeffer
(aus der Mühle)
2 EL Weinessig
1 EL natives Olivenöl
1 EL Walnussöl
2 EL Schnittlauch

Den Rettich dünn schälen und raspeln. Eventuell mit ca. 1 TL Salz bestreuen und nach 5 bis 30 Minuten ausdrücken (das Salz entzieht dem Gemüse Wasser und mindert die Schärfe).

Die Sahne mit frisch gemahlenem Pfeffer, evtl. Salz, Essig und Öl glatt rühren und mit dem Rettich vermischen. Schnittlauchröllchen darüberstreuen.

Mit Apfel, Paprika und Walnüssen:

300 g grob geraspelter Rettich, 150 g grüne Paprikastreifen, 1–2 Äpfel (circa 250 g, in dünne Scheiben geschnitten) und etwa 70 g gehackte Walnusskerne mit einem Dressing aus 2–3 EL Apfelessig, 3–4 EL Apfelsaft, Meersalz, schwarzem Pfeffer, etwas Honig, 2 EL nativem Olivenöl und 2 EL Walnussöl.

Als Lehrer froogd mer sisch ofd: "Reddisch umsunschd ...?"

Brunshäwwel-Salat

1 Staude Lattich
(Römischer Salat)
60 g Blauschimmel-
käse (z. B. Roquefort)
2 ½ EL Weinessig
2 EL natives Olivenöl
Meersalz
schwarzer Pfeffer
(aus der Mühle)
1 Knoblauchzehe

Vom Lattich die äußeren harten Blätter entfernen, waschen, gut abtropfen lassen und in Streifen schneiden. Den Käse mit einer Gabel zerdrücken, mit Essig und Öl zu einer dicklichen Soße verrühren und abschmecken. Eine Salatschüssel mit Knoblauch ausreiben, den Salat dazugeben und mit der Soße übergießen. Einmal durchwenden und sofort servieren.

Der Brunshäwwel-Salat …

… verdankt seinen recht deftigen Namen folgender Tatsache: Lattich wird als erster Freilandsalat des Jahres gern neben der Hauswand gesät, weil es dort am wärmsten ist. Gedüngt wurde er früher aus den Nachttöpfen („Brunshäwwel"), die morgens kurzerhand aus dem Fenster gekippt wurden.

Pälzer Krautsalat

1 kleiner Weißkohl
(700–800 g)
Meersalz
125 g Räucherspeck
1 Zwiebel
3 EL Weinessig
125 ml Gemüse-
oder Fleischbrühe
1 EL Kümmel
1 TL Senf
4 EL natives Olivenöl
(alternativ:
Sonnenblumenöl)
schwarzer Pfeffer
(aus der Mühle)

Vom Weißkohl die äußeren Blätter und den Strunk entfernen. In feine Streifen schneiden oder hobeln und in einer großen Schüssel mit 1 TL Salz kräftig durchkneten, bis der Kohl weich wird. Anschließend noch 20 Minuten ziehen lassen.

Inzwischen den Speck würfeln und in einer Pfanne bei niedriger Temperatur anbraten. Die fein geschnittene Zwiebel zufügen und mitdünsten, bis sie glasig ist. Mit Essig und Brühe aufgießen und kurz aufkochen lassen. Von der Hitze nehmen und Kümmel, Senf, Öl, Pfeffer und wenig Salz einrühren.

Den Salat mit der Marinade gut mischen und rund zwei Stunden durchziehen lassen. Vor dem Servieren nochmals mit Pfeffer und Salz abschmecken.

Grumbeer-Salat

1 kg Kartoffeln
(festkochend)
¼ l Fleischbrühe
200 g Räucherspeck
2 Zwiebeln
Olivenöl
Meersalz
schwarzer Pfeffer
(aus der Mühle)
Weinessig

Die Kartoffeln garen, noch warm schälen, in Scheiben schneiden und in der heißen Fleischbrühe ziehen lassen.

Den gewürfelten Speck in reichlich Olivenöl bei mäßiger Temperatur knusprig braten. Die fein geschnittenen Zwiebeln zufügen und glasig dünsten.

Speck und Zwiebeln zusammen mit dem Fett vorsichtig unter die Kartoffelscheiben mengen. Mit Salz, Pfeffer und einem Schuss Weinessig würzen.

Den „Grumbeer-Salat" mindestens eine Stunde durchziehen lassen, danach noch einmal abschmecken.

Schwademage-Salat

600 g Schwarten-
magen
4 Gewürzgurken
2 rote Zwiebeln
4 EL Gurkensud
4 EL Weinessig
1 TL scharfer Senf
Meersalz
schwarzer Pfeffer
(aus der Mühle)
4 EL Olivenöl nativ

Den Schwartenmagen in etwa 1 cm dicke Scheiben, dann in Streifen schneiden und in eine große Schüssel geben.

Die Gurken würfeln, die Zwiebeln in feine Ringe hobeln und beides unter den Schwartenmagen heben.

Aus Gurkensud, Essig, Senf, Salz, Pfeffer und Olivenöl eine Marinade rühren und über den Salat gießen.

Vor dem Verzehr mindestens eine Stunde durchziehen lassen.

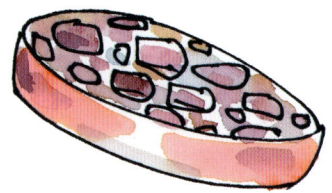

... unn dodezu:

Zum „Schwademage-Salat" isst man in der Pfalz gern „Gebreedelde" (Bratkartoffeln), es schmeckt dazu aber auch einfach ein würziges Brot.

Linsesupp

300 g Tellerlinsen
1 Bd. Suppengrün
2 Zwiebeln
1 EL Olivenöl
1 Lorbeerblatt
1½ l Gemüsebrühe
4 Kartoffeln (ca. 500 g)
1–2 TL Obstessig
(oder 3 EL Rotwein)
Meersalz
schwarzer Pfeffer

Die Linsen unter fließendem Wasser waschen. Suppengrün waschen und klein schneiden, die Zwiebeln würfeln.

Das Gemüse in Öl etwa 3 Minuten andünsten, dann Linsen und Lorbeerblatt hinzufügen und mit der Brühe aufgießen. Aufkochen und etwa 45 Minuten bei geringer Hitze köcheln lassen.

Inzwischen die Kartoffeln schälen und würfeln. 20 Minuten vor Ende der Kochzeit zu den Linsen geben.

Die fertige Suppe mit Essig, Salz und frisch gemahlenem schwarzen Pfeffer pikant abschmecken.

Mit Fleesch:

Ein bis zwei Wiener pro Person in Scheiben schneiden und zur Suppe geben.

Bei Erbse, Bohne unn bei Linse fangt de Bobbes aa zu grinse.

Bohnesupp

250 g braune Bohnen
500 g Kartoffeln
2 Knoblauchzehen
1 Lorbeerblatt
250 g Räucherspeck
1 Zwiebel
20 g Butter
etwas Mehl
Meersalz
schwarzer Pfeffer
(aus der Mühle)
Bohnenkraut

Paar blaue Bohne gfällisch?

Die Bohnen über Nacht einweichen. Am nächsten Tag das Wasser abschütten und Bohnen, Kartoffeln, Knoblauch und das Lorbeerblatt in einen großen Topf geben. Mit Wasser bedecken. Den Speck würfeln und dazugeben, dann alles kochen, bis die Bohnen weich sind.

Kurz vor dem Garwerden ein paar Bohnen herausnehmen. Wenn die restlichen Bohnen weich sind, die Suppe mit dem Stabmixer pürieren.

Die Zwiebel hacken, in Butter goldgelb bräunen und mit etwas Mehl bestäuben. Das Ganze in die Suppe rühren. Mit Salz, Pfeffer und Bohnenkraut abschmecken. Die ganzen Bohnen wieder hinzufügen und die Suppe vor dem Servieren noch einmal kurz aufkochen lassen.

Grumbeersupp

1 kg Kartoffeln
2 Möhren
1 Bd. Suppengrün
1 große Zwiebel
50 g Margarine
(oder Rapsöl)
1½–2 l Gemüse-
oder Fleischbrühe
Meersalz
Pfeffer (Mühle)
Majoran
evtl. Kümmel
1 Brötchen (oder
100 g Speck)
Butter
Petersilie
Schnittlauch

Kartoffeln und Möhren schälen, Suppengrün putzen und Zwiebel abziehen. Alles klein würfeln und in einem großen Topf in der heißen Margarine andünsten.

Mit der Brühe ablöschen, würzen und etwa 20 Minuten kochen, bis die Kartoffeln weich sind.

Die Grumbeere anschließend fein zerdrücken oder durch ein Haarsieb schlagen. Wenn die Suppe zu dick ist, noch etwas heiße Brühe unterrühren.

Den Weck würfeln, in Butter anbräunen, und die Würfel vor dem Servieren über die Suppe streuen. Alternativ gewürfelten Speck, knusprig gebraten und ohne das Bratfett in die Suppe geben.

Mit klein geschnittener Petersilie und Schnittlauchröllchen bestreuen.

Woisupp

4 Scheiben Weißbrot
50 g Butter
¾ l leichter Weißwein
¼ l Wasser
6 Eigelb
1 TL Speisestärke
100 g Zucker
½ TL Kardamom
Meersalz

Weißbrot entrinden, in Würfel schneiden und in einer Pfanne in Butter knusprig rösten.

Inzwischen Wein und Wasser zusammen aufkochen, nach und nach die Eigelbe, Speisestärke, Zucker und Kardamom einrühren und abschmecken. Unter ständigem Rühren nochmals erhitzen (nicht mehr kochen), bis die Suppe bindet. Mit den Croûtons bestreut sofort servieren.

Variante mit Sahne:

¼ l Weißwein im Topf aufwallen lassen, mit ¼ l Gemüsebrühe auffüllen und erneut aufkochen. 500 ml Schlagsahne zugießen und kurz köcheln lassen. Mit Salz, Pfeffer und 1 Pr. Zimt abschmecken, eventuell mit Speisestärke andicken. Mit Croûtons bestreuen.

Käschdesupp

3 Zwiebeln
100 g Butter
500 g Maronen
(gekocht, geschält)
1 Knoblauchzehe
150 ml trockener
Riesling
¾ l Gemüsebrühe
2 Gewürznelken
1 Lorbeerblatt
350 ml Sahne
125 ml Milch
Zimtpulver
schwarzer Pfeffer
(aus der Mühle)
Meersalz

Fein gewürfelte Zwiebeln in Butter glasig anschwitzen. Gehackte Maronen und Knoblauch zugeben, kurz mitdünsten. Mit Wein ablöschen, etwas einköcheln lassen, dann mit der Gemüsebrühe auffüllen. Nelken und Lorbeer zugeben und auf kleiner Flamme 30 Minuten kochen. Anschließend Sahne, Milch sowie etwa drei Prisen Zimt zugeben und weitere 5 Minuten köcheln lassen.

Lorbeerblatt und Nelken entfernen und die Suppe mit dem Stabmixer fein pürieren. Mit frisch gemahlenem Pfeffer und Salz abschmecken.

Pälzer Zwiwwlsupp

10 Zwiebeln
1 Knoblauchzehe
200 g Dörrfleisch
(durchwachsener
Speck)
60 g Butterschmalz
Meersalz
weißer Pfeffer
gekörnte Brühe
Muskat (frisch
gerieben)
½ l trockener Pfälzer
Weißwein
(z. B. Riesling oder
Grauburgunder)
½ l Fleischbrühe

Die Zwiebeln abziehen und in Scheiben schneiden. Knoblauch fein hacken. Den Speck fein schneiden und im heißen Fett leicht auslassen. Die Zwiebeln dazugeben und glasig dünsten.

Dann erst den Knoblauch hinzufügen, würzen und mit ¼ Liter Wein ablöschen. Mit der Fleischbrühe auffüllen und circa 25 Minuten leicht köcheln lassen, bis die Zwiebeln weich sind.

Danach nochmals abschmecken und mit dem restlichen Wein nach Geschmack verfeinern (nicht mehr kochen).

So, so ...

Man sollte auch bei Tisch dazu denselben Wein servieren, den man in die Suppe gegeben hat.

Butterschwämmelsupp

100 g weiche Butter
2 Eier
ca. 100 g Mehl
Muskatnuss
Meersalz
Pfeffer
1 l Fleisch- oder
Gemüsebrühe
Petersilie

Isch
koch
glei
iwwer

Die Butter mit den Eiern schaumig schlagen. Mehl, etwas Muskat, Salz und Pfeffer hinzufügen und zu einem Teig verrühren, der die Konsistenz von Spätzleteig hat (bei Bedarf Mehl oder Wasser ergänzen). Fleisch- oder Gemüsebrühe aufkochen und einen Teelöffel kurz darin eintauchen. Mit dem Löffel kleine Portionen aus dem Teig abstechen und in die Brühe geben. Die Hitze reduzieren und die „Butterschwämmel" sieden lassen, bis sie aufsteigen und oben auf der Brühe schwimmen (nach circa 10 Minuten).
Mit Petersilie bestreut sofort servieren.

Auch lecker:
Klein gehackte Kräuter, Blattspinat oder Parmesan unter den Teig rühren.

Saure Scheiwe mit Grieweworscht

1 große Zwiebel
ca. 40 g Butter
4 EL Mehl
1 l Fleisch- oder
Gemüsebrühe
2–3 Lorbeerblätter
2 Nelken
Pfeffer aus der Mühle
Meersalz
1 kg Kartoffeln
(festkochend)
3–4 EL Essig
1 Schuss Riesling
1 Ring Blutwurst
(frisch oder
getrocknet)

Die fein gewürfelte Zwiebel in Butter andünsten, Mehl darüberstäuben und eine braune Mehlschwitze herstellen. Unter ständigem Rühren die Brühe langsam angießen und glatt rühren. Die Gewürze hinzufügen und bei milder Hitze rund 30 Minuten köcheln lassen.

Inzwischen „Gequellte" (Pellkartoffeln) kochen, schälen und in etwa 1 cm dicke Scheiben schneiden.

Die Soße mit Salz und frisch gemahlenem Pfeffer kräftig abschmecken und mit Essig sowie Riesling nach Geschmack säuern. Dann die Kartoffeln einlegen.

Blutwurst in dünne Scheiben schneiden und dazugeben (oder vorher knusprig ausbacken). Zuletzt alles noch einmal kurz aufkochen lassen und sofort servieren.

Saumage

1 mittelgroßer
Schweinemagen
(beim Metzger
vorbestellen und
reinigen lassen)
2 Brötchen vom Vortag
500 g mageres
Schweinefleisch
500 g magerer
Schweinebauch
500 g Kartoffeln
1 Zwiebel, 1 Lauch
500 g Bratwurstbrät
2–3 Eier
Pfeffer, Meersalz
Majoran, Muskat
Butter

Den Magen waschen und 1–2 Stunden wässern (das Wasser mehrmals wechseln). Die Brötchen in Wasser einweichen. Schweinefleisch und -bauch, geschälte Kartoffeln, Zwiebel und Lauch in kleine Würfel bzw. in feine Ringe schneiden. Mit Bratwurstbrät, den ausgedrückten Brötchen, Eiern und Gewürzen verkneten und abschmecken. Die Masse in den Magen füllen (nicht zu prall) und die Öffnungen mit Küchengarn fest zubinden. Den Saumagen in einem großen Topf in siedendem Salzwasser schwimmend und stets mit Wasser bedeckt etwa drei Stunden garen. Wichtig: Das Wasser darf nicht kochen, sonst platzt der Magen. Danach mit flüssiger Butter bestreichen und im Backofen goldgelb werden lassen.

Woikraut

750 g Sauerkraut
(roh)
2 Zwiebeln
2 EL Butterschmalz
ca. ½ l Riesling
ca. ¼ Wasser
(oder Brühe)
2 Lorbeerblätter
6 Wacholderbeeren
1 Pr. Zucker
evtl. Kümmel
Meersalz
Pfeffer (aus der
Mühle)
evtl. 1 Kartoffel

Das Sauerkraut zerpflücken. Zwiebeln abziehen, würfeln und in einem großen Topf in heißem Butterschmalz andünsten. Das Sauerkraut dazugeben und kurz mitschwitzen. Mit Wein und Wasser oder Brühe ablöschen und die Gewürze hinzufügen.

20 bis 60 Minuten (siehe unten) köcheln lassen, danach nochmals abschmecken.

Für mehr Bindung kann man in den letzten 5 Minuten der Garzeit eine rohe, mehligkochende Kartoffel in das Kraut reiben.

Typisch pfälzisch …

… ist weich gekochtes Sauerkraut. Auf das Kraut kann man noch eine Scheibe Bauch- oder Dörrfleisch legen, die mitgegart wird.

Lewwerknepp

500 g Schweineleber
200 g durchwachsenes Dörrfleisch
2 Zwiebeln
3 trockene Brötchen
3 Eier
½ Bd. Petersilie
1 EL Weckmehl
Meersalz
Pfeffer (aus der Mühle)
Majoran (gerebelt)
frisch geriebener Muskat

Die Leber, Speck und Zwiebeln in Stücke schneiden. Brötchen in warmem Wasser einweichen und gut ausdrücken. Alles zusammen durch den Fleischwolf drehen (feine Scheibe). Dann Eier, fein gehackte Petersilie sowie Weckmehl untermengen und mit den Gewürzen kräftig abschmecken. Den Teig gut durchkneten und eine bis eineinhalb Stunden kühl stellen.

Anschließend Knödel formen und in siedendem Salzwasser oder Fleischbrühe 15–20 Minuten gar ziehen lassen (nicht kochen). Wenn die „Knepp" an der Oberfläche schwimmen, sind sie gar.

Auf Weinsauerkraut mit einer braunen Bratensoße und Röstzwiebeln anrichten – oder mit einer Meerrettichsoße (siehe rechts).

Meerreddichsooß

1 frischer Meerrettich
60 g Butter
circa 40 g Mehl
250 ml Gemüsebrühe
125 ml Milch
Meersalz
Pfeffer
1 Pr. Zucker
etwas Zitronensaft
(oder Essig)
1–2 EL Crème fraîche

Den Meerrettich schälen und fein reiben. Die Butter erhitzen und aufschäumen. Mehl hinzufügen und unter ständigem Rühren andünsten, aber nicht braun werden lassen. Unter Rühren nach und nach Brühe und Milch zugießen und einmal aufkochen lassen. Danach die Hitze reduzieren und zugedeckt circa 30 Minuten sanft köcheln lassen.

Kurz vor dem Ende der Garzeit den Meerrettich in die Soße einrühren, dabei eine Portion roh zurückbehalten. Durch Erhitzen wird dem Rettich die Schärfe genommen, deshalb je nach Geschmack weiterköcheln lassen bzw. die restlichen Raspel unterrühren.

Mit den Gewürzen und Crème fraîche abschmecken.

Verheierte

3 Kartoffeln
Salz
400 g Mehl
4 Eier
Weckmehl
Butter

Kartoffeln schälen, in Schnitze schneiden und in Salzwasser kochen.

In der Zwischenzeit Mehl und Eier mit etwas Salz anrühren. So lang Wasser hinzufügen, bis ein schöner Teig entstanden ist, der Blasen schlägt.

Aus dem Teig mit einem Teelöffel Spätzle abstechen und sie ins Wasser zu den gegarten Kartoffeln geben. Spätzle und Kartoffeln zusammen abseihen – sie sind nun „verheiert" (verheiratet).

Mit Weckmehl bestreuen, ein Stück Butter darüber zerlassen und sofort servieren.

ALLA ... *... HOPP!*

Anstelle des Weckmehls ...

... dünne Zwiebelringe in Butter anbraten und über die „Verheierten" geben.

Gschebbde

500 g Mehl
6 Eier
Meersalz
Milch
Weckmehl
Butter

Alle Zutaten mischen, so dass ein festerer Teig entsteht.

Salzwasser zum Kochen bringen und vom Teig jeweils einen Esslöffel voll ins Wasser schöpfen („schebbe"). So lange kochen, bis die Nocken oben schwimmen. Dann herausschöpfen („ausschebbe") und in einer Schüssel abgedeckt warm halten.

Inzwischen in einer Pfanne Weckmehl in Butter goldgelb anbraten und über die „Gschebbde" geben.

Aha!

Ein uraltes Pfälzer Werktagsessen, das günstig und schnell zuzubereiten ist. Dazu passt Apfelmus oder ein Kompott. Und wer es deftiger mag, schmälzt die „Gschebbde" mit gerösteten Zwiebeln ab.

Hoorische

½ Brötchen
20 g Butter
1 Zwiebel
3 Eier
8 große Pellkartoffeln
1 TL Petersilie
1 TL Majoran
Pfeffer
Meersalz
frisch geriebener
Muskat
8 rohe Kartoffeln

Den halben Weck würfeln und in Butter rösten. Zwiebel abziehen und fein reiben. Die Eier trennen.

Gekochte Kartoffeln schälen und durch den Fleischwolf drehen. Zwiebel, Gewürze und drei Eigelbe dazugeben.

Rohe Kartoffeln reiben und mithilfe eines Küchentuchs die Flüssigkeit ausdrücken. Mit den gekochten Kartoffeln vermengen. Das Eiweiß steif schlagen und unter die Kartoffelmasse heben.

Aus dem Teig Knödel formen, dabei in die Mitte jeweils einen gerösteten Weckwürfel stecken. In kochendes Salzwasser legen und rund 25 Minuten (je nach Größe) gar ziehen lassen.

In de Palz gebd's dodezu Schbeggsooß …

Die Hoor, die Hoor!

Schbeggsooß

250 g Dörrfleisch
2 Schalotten
1 EL Butter
Mehl
300 ml Sahne
schwarzer Pfeffer
(aus der Mühle)
Meersalz
Petersilie

Dörrfleisch in kleine Würfel schneiden. Die Schalotten abziehen und ebenfalls fein würfeln. Beides in Butter anbraten, dabei nicht zu dunkel werden lassen.

Circa 1 EL Mehl darüber stäuben und alles gut durchmengen. Dann die Sahne zugießen und einköcheln lassen.

Mit Pfeffer und Salz abschmecken und mit gehackter Petersilie bestreuen.

… unn fer die Veggedarier ä Pilzsooß:

In Scheiben geschnittene Champignons und Schalottenwürfel in Butter anbraten. Mit etwas Weißwein ablöschen und aufkochen, dann die Sahne zufügen und einköcheln lassen. Mit Pfeffer, Salz sowie frisch geriebenem Muskat würzen und mit gehackter Petersilie bestreuen.

Brockelbohne mit Fleesch

750 g junge grüne
Bohnen
2 Zwiebeln
250 g Räucherspeck
500 g Schweine-
nacken
Fett zum Braten
¼ l Fleischbrühe
1–2 EL Bohnenkraut
Meersalz
schwarzer Pfeffer
(aus der Mühle)
1 Pr. Muskatnuss
500 g Kartoffeln

Die Bohnen waschen, putzen und in etwa 5 cm lange Stücke brechen („brockeln").
Zwiebeln und Speck klein würfeln, das Fleisch in grobe Würfel schneiden und alles in heißem Fett gut anschwitzen.
Nun die Bohnen dazugeben und mit heißer Brühe aufgießen. Mit Salz, Pfeffer und Bohnenkraut würzen und auf kleiner Flamme 30 Minuten garen.
Anschließend die gewürfelten Kartoffeln einlegen und nochmals 15–30 Minuten köcheln lassen.
Zuletzt mit frisch gemahlenem Pfeffer noch einmal ordentlich nachwürzen.

Mmh …
Mit knusprigem Schwarzbrot genießen.

Dunksel

2–3 Kartoffeln
(pro Person)
2 fingerdicke
Scheiben Dörrfleisch
(pro Person)
Öl zum Braten

Die Kartoffeln gut waschen, im Dämpfer garen und anschließend pellen.

Das Dörrfleisch in mundgerechte Stücke schneiden.

Pro Person eine kleine, am besten gusseiserne Pfanne nehmen. Ein wenig Öl darin erhitzen, das Dörrfleisch dazugeben und bei geringer Hitze ausbraten.

In das Fett die Gequellten (Pellkartoffeln) geben.

Awwer nedd dunke!

Pfälzer Fondue

„Dunksel" bezieht sich auf das Tunken. Mit den Kartoffeln werden nämlich das Fleisch und das ausgelassene Fett aus der Pfanne getunkt – früher aus einer einzigen großen, die in der Mitte des Tisches stand.

Grumbeerpannekuche

2 Zwiebeln
1 kg Kartoffeln
3 Eier
Petersilie
Schnittlauch
Meersalz
Pfeffer aus der Mühle
Muskatnuss
evtl. Mehl
(zum Binden)
4–5 EL Öl zum
Backen
(z. B. natives Kokos-
oder Rapsöl)

Die Zwiebeln abziehen und fein würfeln. Kartoffeln schälen und in feine Raspel reiben. Überschüssige Flüssigkeit mit den Händen oder mithilfe eines Küchentuchs ausdrücken und in eine Schüssel geben. Zwiebeln, Eier und die gehackten Kräuter hinzufügen, würzen und alles zu einem nicht zu festen Teig vermengen (evtl. Mehl zufügen). Mit einem Esslöffel kleine flache Küchlein formen und im heißen Öl von beiden Seiten knusprig ausbacken.

Tipp:

Fein geschnittenen Knoblauch oder in der Pfanne ausgelassene Speckwürfel vor dem Backen zum Teig geben.

Zu „Grumbeerpannekuche" schmeckt Apfelbrei oder ein knackiger grüner Salat.

Lauchkuche

Für den Teig:
250 g Mehl
125 g Butter
1 Pr. Salz
1 EL Wasser
Butter für die Form

Für den Belag:
300 g durchwachsener
Räucherspeck
100 g Butter
1–1 ½ kg Lauch
2 EL Mehl
250 ml Sahne
4 Eier
Salz, Pfeffer
Muskat

Die Zutaten für den Teig zu einem Mürbteig verkneten und rund 30 Minuten in den Kühlschrank stellen.

Den Speck würfeln und in Butter andünsten. Den Lauch in feine Ringe schneiden, zum Speck geben und 10 Minuten mitdünsten. Dann mit Mehl bestäuben und verrühren.

Den Teig ausrollen, eine gefettete Springform damit auslegen, dabei einen Rand hochziehen. Die Lauchmasse einfüllen und bei 200 Grad rund 10 Minuten vorbacken.

Inzwischen die Sahne mit den Eiern und Gewürzen mischen und abschmecken. Die Eiersahne über den Lauch gießen und den Kuchen weitere 30–40 Minuten backen. Heiß servieren.

Wildgulasch

700 g Wildfleisch
zum Schmoren (ohne
Fett und Sehnen)
Pfeffer
Butterschmalz
100 g Räucherspeck
200 g Zwiebeln
1 Möhre
1 Petersilienwurzel
1 St. Knollensellerie
½ l Rotwein
8–10
Wacholderbeeren
1 Lorbeerblatt
¼ TL Thymian
Salz
¼ l saure Sahne
ca. 40 g Mehl
2 EL Essig
Preiselbeerkompott
Senf

Das Fleisch in größere Stücke schneiden, pfeffern und in etwas Butterschmalz scharf anbraten. Dann herausnehmen. Im Bratenrückstand den gewürfelten Speck glasig rösten, das grob gewürfelte Gemüse bräunen und zuletzt die fein geschnittenen Zwiebeln mitrösten. Mit Rotwein ablöschen. Dann das Fleisch einlegen, die Gewürze zufügen und zugedeckt 30 bis 50 Minuten sanft schmoren lassen. Wenn das Fleisch weich ist, in ein frisches Geschirr geben und die Soße mit saurer Sahne und Mehl binden. Mit Essig, Preiselbeeren und Senf abschmecken. Über das Fleisch passieren und noch einige Minuten kochen.

Beilagen:
„Hoorische" (S. 28) oder „Stumpische Buwe"

Stumpische Buwe

1 kg Kartoffeln
500 g Mehl
2 Eier
Meersalz
Muskatnuss
(frisch gerieben)
Öl zum Braten
(z. B. Rapsöl)

Kartoffeln mit Schale am besten schon am Vorabend kochen. Sie werden dann bei Gebrauch geschält und durch die Kartoffelpresse gedrückt. Das Mehl, die Eier, etwas Salz und Muskat hinzufügen. Alles zu einem Teig verkneten.

Teigstücke zu rund zwei Zentimeter dicken Rollen formen und circa acht bis zehn Zentimeter lange Stücke davon abschneiden. Diese „Buwespitzle" oder „Stumpische Buwe" in Öl von allen Seiten goldgelb braten.

Lecker dazu …

… ist ein frischer Feld- oder Endiviensalat. „Stumpische Buwe" werden aber auch oft mit Apfelbrei gegessen – oder zu einem Gulasch.

Weißer Käs mit Gequellte

1 ½ kg Kartoffeln
(festkochend)
1 kg Magerquark
¼ l Sahne
(oder Milch)
1–2 Zwiebeln
1 Bd. Schnittlauch
1 Bd. Petersilie
(oder andere
Kräuter)
Meersalz
Pfeffer
Paprikapulver
evtl. Butter

Kartoffeln waschen und in der Schale als Pellkartoffeln kochen.

In der Zwischenzeit den Quark in einer Schüssel mit Sahne oder Milch dicksämig aufschlagen und glatt rühren.

Die Zwiebeln schälen und fein würfeln, Kräuter waschen und fein hacken oder schneiden. Zwiebeln und Kräuter mit dem Quark verrühren und etwa eine halbe Stunde ziehen lassen, dann mit Salz, Pfeffer und Paprikapulver abschmecken.

Die Pellkartoffeln heiß zusammen mit dem angemachten Quark und nach Belieben mit einem Stück Butter servieren.

Kerscheplotzer

6 Brötchen vom
Vortag (circa 250 g)
375 ml Milch
125 g weiche Butter
5 Eier (getrennt)
125 g Zucker
1 EL Kakaopulver
1 TL Zimt
1 Msp. Kardamom
1 Pr. Salz
100 g Mandeln oder
Walnüsse (geschält)
1–2 EL Kirschwasser
(nach Belieben)
750–1000 g Kirschen
Butter und Brösel
für die Form

Die klein gewürfelten Brötchen mit der erwärmten Milch übergießen.

Butter mit circa 100 g Zucker schaumig schlagen und die Eigelbe nach und nach unterrühren. Kakaopulver, die Gewürze, fein gehackte Nüsse, die eingeweichten Brötchen, Kirschwasser und die entsteinten Kirschen nacheinander unter die schaumige Masse rühren.

Zuletzt das mit dem übrigen Zucker sehr steif geschlagene Eiweiß unterheben.

Alles in eine gebutterte, mit Bröseln ausgestreute Form füllen und bei 180 Grad 50 bis 60 Minuten backen.

Den noch warmen „Kerscheplotzer" kann man auch mit Vanillesoße wie einen Auflauf als süße Hauptmahlzeit oder Dessert servieren.

Alwines Dampnudle

Für den Teig:
500 g Mehl
20 g frische Hefe
¼ l Milch (lauwarm)
ca. 60 g Zucker
1 Ei (zimmerwarm)
60–80 g weiche Butter
1 gestr. TL Salz

Zum Braten:
4–6 EL
Butterschmalz
Salz

Außerdem:
eine hochwandige,
gut beschichtete
Bratpfanne mit
einem gewölbten
Glasdeckel
(mind. 28 cm ⌀)

Etwa die Hälfte des Mehls in eine Schüssel geben, in die Mitte eine Mulde drücken. Die Hefe in 4–5 EL lauwarmer Milch mit Zucker auflösen, in die Mehlmulde gießen und mit etwas Mehl vom Rand verrühren. Den Vorteig an einem warmen Ort mit einem sauberen Küchentuch abgedeckt 15 –30 Minuten gehen lassen. Dann den Schüsselinhalt mit den Knethaken des Handrührgeräts verrühren und das Ei und die Butter einarbeiten. Das restliche Mehl, Salz sowie nach und nach die Milch hinzufügen. Alles zu einem glatten, geschmeidigen Teig verarbeiten und mit den Händen kräftig auskneten. Zu einer Kugel formen und zugedeckt im angewärmten Backofen (5 Minuten bei 50 Grad) 1 Stunde gehen lassen.

Den Teig danach noch einmal durchkneten und ausrollen. Daraus circa 1 Handvoll große Teiglinge abstechen und rund formen. Auf ein bemehltes Tuch oder Holzbrett setzen, etwas flach drücken, nach unten hin glatt ziehen und nochmals 45 Minuten abgedeckt gehen lassen, bis sich ihr Volumen etwa verdoppelt hat.

Beschichtete Pfanne circa 1 cm hoch mit Wasser füllen, ½ EL Salz und 2–3 EL Butterschmalz zufügen und aufkochen. 4–6 Dampfnudeln (je nach Größe) locker nebeneinander in die Pfanne setzen und sofort mit dem Deckel verschließen. Bei mittlerer bis niedriger Temperatur backen, bis die Flüssigkeit komplett verdampft ist und ein leises Knistern anzeigt, dass sich eine leckere braune Kruste am Boden der Dampfnudeln bildet (15–20 Minuten). Erst dann (keinesfalls vorher, da sonst der Teig zusammenfällt!) den Deckel vorsichtig hochheben. Dabei aufpassen, dass kein Kondenswasser auf die Dampfnudeln tropft, da sonst unschöne Dellen entstehen.

__Dazu isst der Pfälzer__ Linsensuppe (Seite 12) oder Kartoffelsuppe (Seite 15), Wein- oder Vanillesoße (Seite 42 und 43).

Woisooß

½ l Weißwein
(z. B. trockener
Riesling)
¼ l Wasser
75 g Zucker
1 EL Speisestärke
2 Eier

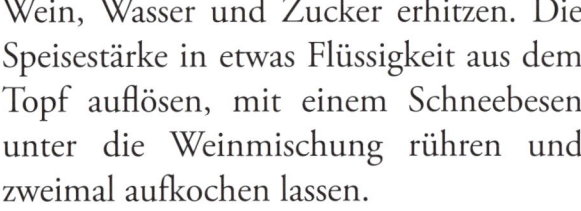

Wein, Wasser und Zucker erhitzen. Die Speisestärke in etwas Flüssigkeit aus dem Topf auflösen, mit einem Schneebesen unter die Weinmischung rühren und zweimal aufkochen lassen.

Die Eier trennen. Eigelbe glatt rühren, Eiweiße steif schlagen.

Die Eidotter mit dem Schneebesen in die heiße (nicht kochende) Weincreme einrühren und diese vom Herd ziehen. Zuletzt den Eischnee unterheben und sofort servieren.

… unn wodezu?

Weinsoße serviert man in der Pfalz gern zu Dampfnudeln (Seite 40) – lecker dazu sind aber auch Bandnudeln, die mit Butter und Semmelbröseln abgeschmälzt werden.

Vanillsooß

½ l Milch
30 g Zucker
1 Pr. Salz
1 Vanilleschote
3 Eigelb

Die Milch mit Zucker, Salz, der Vanilleschote und dem ausgekratzten Mark aufkochen. Die Hitze reduzieren und die Vanillestange herausnehmen.

Inzwischen das Eigelb schaumig schlagen. Die heiße Vanillemilch nach und nach unter die Eimasse rühren und unter ständigem Weiterschlagen alles wieder erhitzen (auf dem Herd oder über dem heißen Wasserbad), bis die Soße leicht angedickt ist. Sie darf aber nicht kochen, sonst gerinnt das Eigelb!

Die Vanillesoße heiß servieren oder unter gelegentlichem Rühren (damit sich keine Haut bildet) erkalten lassen.

Schmeckt zu „Dampnudle" (Seite 40) oder zum „Kerscheplotzer" (Seite 39).

Rotwoikuche

250 g weiche Butter
200 g Zucker
4 Eier
1 Pck. Vanillezucker
2 EL Kakao
1 TL Zimt
125 ml Rotwein
250 g Mehl
1 Pck. Backpulver
100 g Zartbitter-
Schokolade
Butter für die Form
200 g Puderzucker
2–3 EL Rotwein
(für die Glasur)

Butter mit Zucker schaumig rühren. Die Eier nach und nach zugeben und zu einer schaumigen Masse rühren. Dann Vanillezucker, Kakao, Zimt und Rotwein einrühren. Mehl mit Backpulver mischen und untermengen. Zuletzt die geraspelte Schokolade unterheben.

Den Teig in eine gebutterte Form füllen. Bei 180 Grad 50 bis 60 Minuten backen. Puderzucker mit Rotwein zu einer nicht zu flüssigen Glasur glatt rühren und auf dem fertigen Kuchen verteilen.

Gelleriewetort

8 Eier (getrennt)
350 g Zucker
400 g Möhren
400 g Mandeln
50 g Speisestärke
3 EL Kirschwasser
1 TL Zimt
1 Prise Salz
1 Bio-Zitrone
200 – 250 g
Puderzucker
2–3 EL Zitronensaft
(nach Belieben)

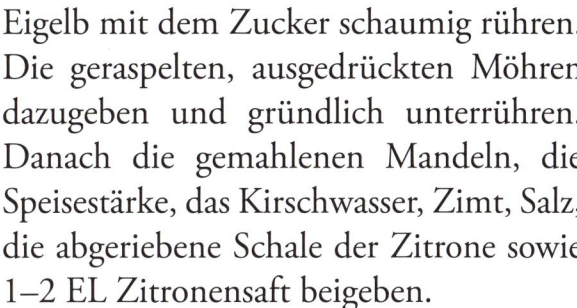

Eigelb mit dem Zucker schaumig rühren. Die geraspelten, ausgedrückten Möhren dazugeben und gründlich unterrühren. Danach die gemahlenen Mandeln, die Speisestärke, das Kirschwasser, Zimt, Salz, die abgeriebene Schale der Zitrone sowie 1–2 EL Zitronensaft beigeben.

Das Eiweiß zu Schnee schlagen, darunterheben und die Masse in eine gut gefettete Tortenform füllen.

Circa 60 Minuten bei mittlerer Hitze (180 – 190 Grad) backen.

Nach dem Erkalten mit Puderzucker bestreuen oder mit einer weißen Glasur aus Puderzucker und Zitronensaft überziehen.

Quetschekuche

Für den Hefeteig:
350 g Mehl
½ Würfel (21 g)
frische Hefe oder
1 Pck. Trockenhefe
50 g Zucker
125 ml Milch
1 Prise Salz
50 g weiche Butter
1 Ei
1 Bio-Zitrone
(Schale)

Für den Belag:
2 kg Zwetschgen
50 g brauner Zucker
1 Pck. Vanillezucker
1 TL Zimt

Das Mehl in eine große Schüssel sieben. In die Mitte eine Mulde drücken und die Hefe mit ein wenig Zucker und etwas lauwarmer Milch zu einem Vorteig anrühren. Mit einer Prise Mehl bestäuben und zugedeckt circa 20 Minuten an einem warmen Platz gehen lassen.

Danach die restliche lauwarme Milch, Salz, Zucker, weiche Butter, das Ei und die abgeriebene Schale der Zitrone untermischen und zu einem glatten Teig verkneten (in der Küchenmaschine oder mit dem Handrührgerät). Zugedeckt an einem warmen Ort stehen lassen, bis sich das Teigvolumen verdoppelt hat.

Inzwischen die gewaschenen Zwetschgen halbieren und entsteinen. Jede Hälfte mit dem Messer zweimal einschlitzen.

Den Teig nochmals kräftig durchkneten. Auf einer bemehlten Arbeitsfläche ausrollen und auf ein mit Backpapier ausgelegtes Backblech legen.

Die Zwetschgen dachziegelartig auf dem Teig verteilen.

Im vorgeheizten Backofen bei 200 Grad circa 35 Minuten backen. Zucker und Zimt vermischen und den Kuchen nach dem Backen sofort mit der Zucker-Zimt-Mischung bestreuen.

Auskühlen lassen und mit geschlagener Sahne servieren.

Kreppl (Fassnachtskiechle)

Für den Teig:
500 g Mehl
1 Pck. Hefe
60 g Zucker
1 Prise Salz
3 Eigelb
¼ l lauwarme Milch
75 g flüssige
Butter

Außerdem:
Öl zum Frittieren
Zucker oder
Puderzucker

Duff dää!
Duff dää!

Die Teigzutaten in einer Rührschüssel mischen, zuletzt die Butter unterrühren. Zu einem geschmeidigen Teig verkneten. An einem warmen Ort zugedeckt gut eine Stunde gehen lassen, bis der Teig sein Volumen etwa verdoppelt hat.

Teig danach circa daumendick ausrollen. Mit einem Glas Kreise ausstechen und diese nochmals 15 bis 30 Minuten gehen lassen. Die „Kreppl" dann in heißem Öl schwimmend ausbacken.

Mit einer Schaumkelle herausnehmen, auf Küchenpapier abtropfen lassen und in Zucker oder Puderzucker wälzen.

Mmh …
Nach dem Frittieren mit Himbeer-, Kirsch- oder Aprikosenmarmelade füllen.

ESSE UNN TRINKE UFF PÄLZISCH

Trauwe:

griene

roode

Grumbee

Pälzer

Brood-
worschd

Brood

Schbarschel

Woi-
fläschl

Woiglas

Gawwl

Soo

Stebber/
Stobber

Saumaage

Neie Woi:
Sießer/
Bitzler

Weck

Dubbeglas